Una gran mezcla

A Carlos se le hacía tarde.
Dobló la esquina apurado
y... ¡pum!

El mundo en mi vecindario

Dona Herweck Rice

Muchas partes, un todo

Dondequiera que vivas, a tu alrededor
viven muchas personas diferentes.
Cada una tiene su propia historia.
Cada una es parte de un todo.
¡Y ese todo forma un mundo hermoso!

Volcó dos latas de pintura.

Mía estaba pintando un mural. El mural mostraba que los vecinos se mezclan como las flores de un jardín.

Mía le sonrió a Carlos y le dijo: "¡Ahora tú también estás dentro de la mezcla!".

Vuelve al texto de no ficción

Las vistas

Mira a tu alrededor.

Este vecindario es bonito de muchas maneras.

Los edificios son viejos.

Pero no es malo que sean viejos.

Los edificios muestran el trabajo de muchas manos talentosas.

Eso los hace hermosos.

El arte de construir

Algunas personas diseñan edificios. Se llaman *arquitectos*.
Se encargan de que los edificios sean bonitos y fuertes.

El arte está en todos lados.
Está en los muros y en los letreros.
Los artistas vienen de todas partes
del mundo.
¡El arte también está en las personas!

Piensa y habla

¿Qué formas de arte
ves en la foto?

Sigue observando.

Hay muchas personas para ver.

No hay dos iguales.

Cada uno tiene su propio estilo.

Ellos también hacen que el vecindario sea bonito.

El arte de la ropa

Algunas personas diseñan ropa.
Se llaman *diseñadores de moda*.
Diseñan la ropa para que sea bonita
y quede bien.

Los sonidos

Ahora escucha.

Hay muchos sonidos.

Cada uno es único.

Pero juntos hacen música.

Es la música del vecindario.

¡Cantemos juntos!

Música para mis oídos

La música está hecha
de notas.
Cada nota es un sonido.

Las notas se unen y forman una melodía.
La melodía es la canción.

El vendedor llama a los clientes.

Los motores rugen y los cláxones suenan.

Las personas hablan y se ríen.

Ellos también son parte de la música.

Piensa y habla

¿Qué sonidos escuchas
en el lugar donde vives?

Los olores

¡Huele eso!
El aroma a ajo viene de la
pizzería.
El olor de los pimientos asados
viene del puesto de tacos.
¡Qué olores tan deliciosos!

Por la nariz

Al respirar, sentimos olores.
Los olores están en el aire.
Dentro de la nariz hay unos nervios
que captan los aromas y le dicen al
cerebro de qué olor se trata.

Los olores del humo y la gasolina de los carros llenan el aire.

El olor del gasóleo nos avisa que hay un autobús cerca.

Esos olores son fuertes e intensos.

¡Pero la mezcla puede ser agradable!

No es lo mismo para todos

No todos tenemos el mismo
sentido del olfato.
A algunas personas puede
gustarles un olor y a otras no.

Una mezcla hermosa

Distintas vistas, sonidos y olores
llenan el vecindario.
Lo hacen único.
Pertenecen a las personas del
vecindario.
Este es su lugar.
Y esa mezcla es hermosa.

Juntos es mejor

Hay un viejo refrán que dice: "Mejor juntos que separados".
Quiere decir que las cosas salen mejor cuando las hacemos juntos.

Civismo en acción

Todos aportamos algo especial a nuestro vecindario. Pero algunas personas pueden tener miedo de ser diferentes. Tú puedes ayudarlos a sentirse orgullosos. Puedes ayudarlos a celebrar las diferencias.

1. Escríbele una carta a un vecino.

2. Dile lo que te agrada de él o ella.

3. Dile cuánto te alegra que sean vecinos.